À Fanny, nouvelle maîtresse ! Avec toute mon affection. C. J.

Un grand merci à la directrice, Marie-Agnès Gallier, et aux professeurs des écoles, Laetitia Joubert et Isabelle Joncour, pour m'avoir accueillie chaleureusement dans leurs classes de l'**école maternelle Émile-Péhant,** à Nantes, et d'avoir pris le temps de m'expliquer leur travail et répondre à mes questions ! Un grand merci aussi à tous leurs élèves... C. J.

Pour la délicieuse Morgane S., véritable petit chou ! M. P.

Conception graphique : Françoise Maurel

Loi n°49-956 du 16 juillet 1949 sur les publications destinées à la jeunesse, modifiée par la loi n°2011-525 du 17 mai 2011.

ISBN : 978-2-09-257469-0
N° d'éditeur : 10229226
Dépôt légal : juillet 2017
Achevé d'imprimer en juin 2017 par Egedsa, Sabadell, Espagne.

DOKÉO
mon livre de l'école

Texte de Cécile Jugla

Illustrations de Marion Piffaretti

Nathan

Sommaire

GRANDIR ET VIVRE ENSEMBLE 54

PETITS ET GRANDS MOMENTS 66

Je suis grande ! Je vais à l'école ! Et toi aussi mon doudou chéri !
Oh là là ! C'est comment l'école ?

Bientôt
l'école !

Prête pour l'école !

Finie la crèche pour Nina : elle va aller à l'école maternelle comme son grand frère Achille. Elle n'est plus un bébé…

Le toboggan de la crèche
est devenu trop petit pour Nina !

Nina mange, boit…
et se mouche comme une grande !

Elle sait parler et dire
ce qu'elle veut.

Elle ne met plus de couches
et fait pipi sur les toilettes.

Elle fait du vélo…
avec les petites roues !

Elle a très envie d'apprendre
à écrire, compter… comme Achille.

Nina a soufflé ses 3 bougies.
Elle est prête pour l'école !

Visitons l'école !

À l'école *Beau Soleil*, il y a des couloirs, des escaliers et plein de salles. Chacune sert à quelque chose ! Sais-tu à quoi ?

À la loupe !

Nomme l'endroit de l'école où se trouvent ces différents objets.

le panier à doudous

la carafe d'eau

le papier toilette

le duvet

le portemanteau

le savon

la marmite

l'espalier

l'arrosoir

Les adultes de l'école

Il y a les maîtres et les maîtresses, bien sûr, mais aussi d'autres « grands ». On fait connaissance ?

Imre
Grâce à moi, tout est propre dans l'école !
homme de ménage
Pédro
Avec moi, les enfants chantent et découvrent la musique !
intervenant en musique
Boris
Je surveille la cantine et j'organise les activités de la garderie.
animateur
Je prépare de bons petits plats dans ma cuisine !
chef cuisinier
Rémi
À la cantine, je mets le couvert et je sers les enfants.
cantinière
Anita
Je suis là pour aider Noé qui est handicapé.
auxiliaire de vie scolaire
Pauline
Je fais passer la visite médicale.
médecin scolaire
Sarah
Nomme les 3 objets que je tiens et rends-les à ceux qui les ont perdus !

Nina se prépare

Aujourd'hui, c'est la rentrée. Maman réveille Nina avec un bisou doux…

1 Ouh, là, là, Nina n'a plus l'habitude de se lever si tôt…

2 Elle prend son petit déjeuner avec Achille et bébé Marius.

6 Nina a le temps de jouer un peu avant que tout le monde soit prêt !

7 Elle met ses chaussures. Avec les scratchs, c'est plus facile !

3 Elle se débarbouille, puis se brosse les dents.

4 Elle s'habille toute seule… ou presque.

5 Ouille ! Maman brosse les cheveux de Nina.

8 Papa aide Nina à enfiler sa veste. Il lui fait un gros bisou…

9 … avant de la regarder partir avec Achille et maman.

Sur le chemin de l'école

Nina et Achille vont à l'école à pied avec maman. Oscar, le copain d'Achille, arrive en trottinette avec sa nounou. Le vois-tu ?

À la loupe !

Retrouve ces enfants. Dis comment ils viennent à l'école.

Louise

Kamel

Rachel

Regarde le bonhomme.
S'il est vert, Nina, Achille
et maman peuvent traverser.

Aglaé, l'agent de circulation,
aide les enfants et leurs parents
à traverser.

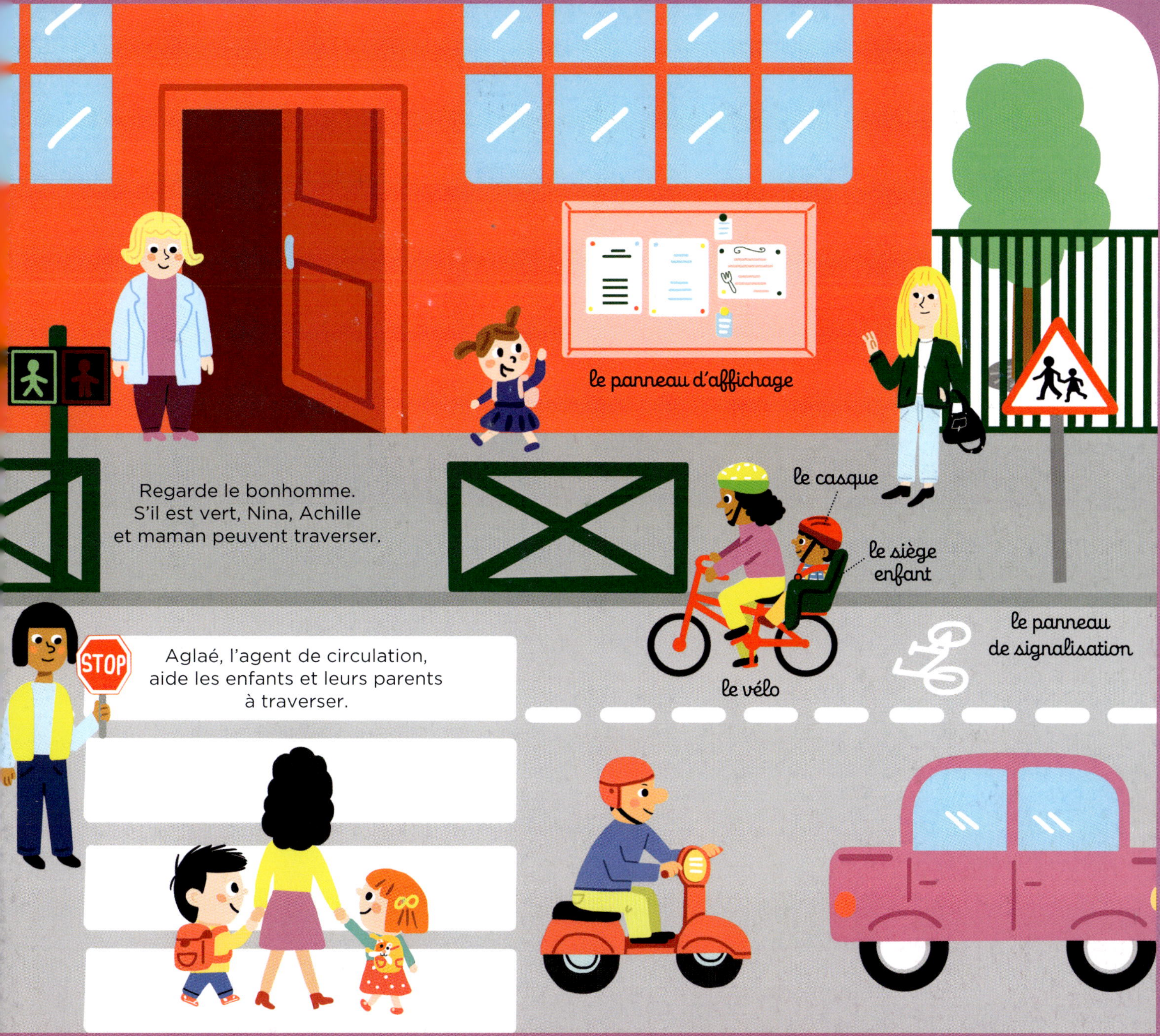

C’est la rentrée !

Enfin, Nina entre dans sa classe avec maman.
« Bonjour ! » lance-t-elle d’une voix joyeuse
à Guillaume qui l’accueille.

À la loupe !

Montre ces enfants dans l’image. Pour leur premier jour d’école, ils ressentent et font des choses différentes.

Noé est content.

Emma pleure.

Nina est fière.

Jules a peur.

Rachel est très excitée.

Kamel est timide.

Zélie est en colère.

Moussa fait pipi.

On se retrouve à la sieste !
À tout à l'heure !

1 2 3 4 5 6 7 8 9 10
Une journée
à l'école

L'arrivée en classe

Le matin, quand Nina arrive à l'école,
elle a plein de choses à faire...

1 D'abord elle accroche son manteau à son portemanteau.

2 Puis elle prend son cahier et son doudou dans son sac.

5 Elle pose son doudou dans le panier.

6 Elle met son étiquette-prénom dans le tableau de présence.

3 Elle entre dans la classe et dit bonjour à Guillaume et Ania.

4 Elle donne son cahier à Ania : maman a écrit un mot.

7 Un petit câlin, un gros bisou à maman…

8 Et elle va jouer avec Emma et Moussa. Ouf, elle a tout fait !

On se regroupe !

Le matin, les enfants se regroupent devant le tableau pour la météo, l'appel, la date… et échanger des nouvelles.

Quand Guillaume fait l'appel, on découvre les prénoms des copains. C'est chouette !

À la loupe !

Cherche ces enfants dans la classe. Qui n'est pas là ?

Les jours avec cartable sont ceux où on va à l'école.
Les connais-tu ?

Quel temps fait-il dehors ?
Moussa a-t-il posé la bonne étiquette météo ?

Aujourd'hui, qui va fêter son anniversaire ?

Zélie a apporté une citrouille du jardin de son papi. Elle va la montrer à toute la classe.

Les jeux de la classe

Dans la classe, il y a des jeux pour faire comme les grands, construire des choses, devenir habile avec ses mains… Lesquels préfères-tu ?

la poupée

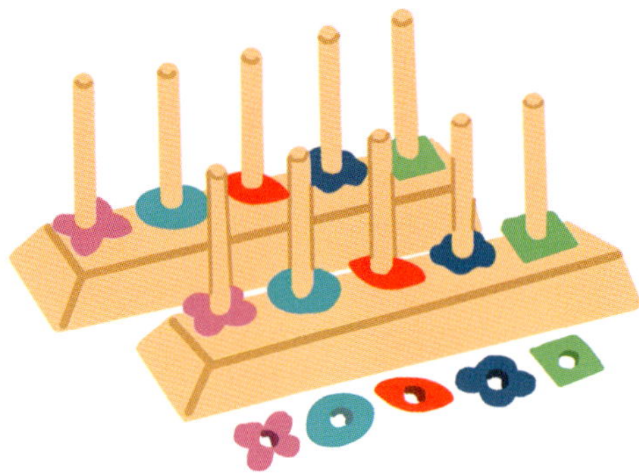

le jeu de tri

le Memory

le puzzle

la dînette

les petites voitures

le jeu d'encastrement

le loto

le bac
de manipulation

le jeu de laçage

le garage

les perles

le jeu de construction

La récréation

En classe, Nina ne doit pas courir ! Alors dans la cour de récréation, elle en profite pour se dépenser. Que fait-elle ?

Kamel reste tout seul sur le banc. Il voudrait jouer avec Arthur mais n'ose pas lui demander.

À la loupe !

Retrouve tous ces jouets dans la cour de récréation. Qui joue avec ?

la trottinette

le char

le tricycle

le vélo **la draisienne** **le ballon** **le cerceau** **la corde à sauter**

Miam ! la cantine !

Ce matin, Nina a regardé le menu avec maman : vivement le déjeuner !
Que va-t-elle manger ?

1 Le matin, dans la cuisine, Rémi prépare le repas.

2 Avant l'arrivée des enfants, Anita met le couvert.

5 Dans son chariot, Anita apporte les plats et sert les enfants.

6 Miam ! Nina se régale ! Zélie ne veut pas manger.

3 Midi : Nina fait pipi aux toilettes et se lave les mains.

4 On arrive à la cantine et on s'assied. Que fait Nina ?

7 Noé lance un grain de raisin sur Nina. Que dit Boris ?

8 Le repas fini, Anita débarrasse et met tout au lave-vaisselle !

La sieste

En début d'après-midi, les petites sections font la sieste au dortoir. Qui ne dort pas ?

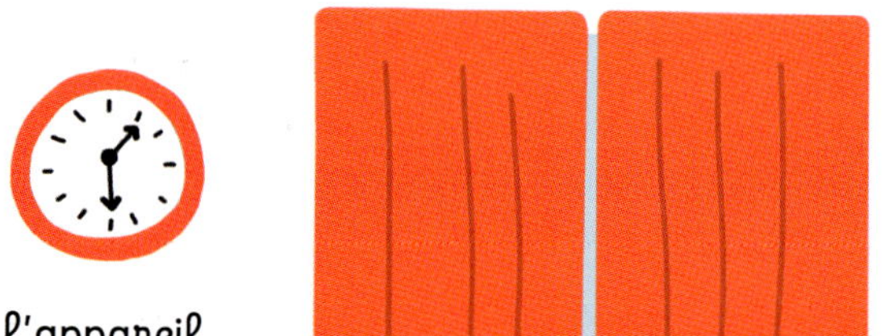

À la loupe !

Nina et ses copains ont récupéré leurs doudous pour la sieste. À qui appartiennent...

... ce lapin

... ce chien

... ce monstre

La bibliothèque

Les grandes sections ne font plus la sieste : ils profitent d'un temps calme à la bibliothèque.

Certains livres racontent des histoires ; d'autres font découvrir la vie des pirates, des animaux...

À la loupe !

Vois-tu ces livres dans la bibliothèque ? Lequel raconte une histoire ?

le livre des pirates

le livre du chantier

Le Chat botté

Dans la classe, les enfants attendent
les parents assis sur le banc.

La classe est finie !

En fin d'après-midi, les parents, les nounous, les papys, les mamies viennent chercher les enfants à l'école. Et toi, qui vient te chercher ?

Ania console Jules.
Il a peur que son papa l'oublie : hier il était en retard !

Dans son sac, Nina a rangé son doudou et son cahier.

À la loupe !

Qui vient chercher...

Nina

Moussa

Zélie

La garderie

Après la classe, certains enfants restent à la garderie de l'école. Ils prennent leur goûter et font des activités avec Boris...

Quelle activité préfères-tu ?

Rachel doit arrêter d'arroser : son papa vient la chercher !

Aujourd'hui, Boris fait jardiner les enfants dans le potager.

À la loupe !

Montre ces légumes dans le potager.

la salade

la citrouille

la courgette

123
456
789
0
Pourquoi on va à l'école ?
Pour apprendre plein de choses !

Qu'apprend-on
à l'école ?

Le matériel de la classe

Dans la classe de Nina, il y a du matériel pour toutes les activités : le dessin, la pâte à modeler, la musique… Qu'utilise-t-on pour découper ?

la peinture

les pinceaux

le xylophone

les feutres

les claves

le livre

les crayons de cire

les ciseaux
à bouts ronds

la colle

les crayons
de couleurs

l'ardoise

l'emporte-pièce

les ciseaux
cranteurs

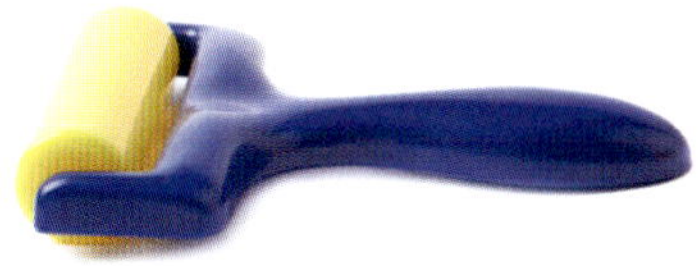

le rouleau

la pâte
à modeler

le tambourin

les craies

les gommettes

Apprendre petit à petit...

Aujourd'hui, Guillaume a donné un coloriage à faire à Nina.
Que vois-tu dessiné sur la feuille ?

1 Nina prend un feutre rouge. C'est sa couleur préférée. Elle se met à colorier...

2 Zut ! elle vient de dépasser. Déçue, elle jette son feutre par terre.

3 Guillaume rassure Nina : à l'école, on a le droit de se tromper.

4 Nina recommence. Cette fois, elle colorie sans dépasser... Youpi !

Depuis son entrée à l'école, Achille dessine des bonshommes.
Regarde comment ils ont changé... et lui aussi !

PETITE SECTION

MOYENNE SECTION

GRANDE SECTION

Les formes

Essaie de nommer toutes les formes en bas des pages.
Demande à un grand quand tu ne sais pas !

rond triangle carré rectangle losange

étoile

cœur

ovale

croissant

trapèze

Les couleurs

Aujourd'hui, c'est activité peinture :
Nina et ses copains ont mis un tablier.
Qui est le plus taché ?

Nina a mélangé du rouge et du blanc sur sa palette.
Quelle couleur obtient-elle ?

À la loupe!

Montre la pomme...

Le rouge et le bleu donnent du violet.

Le jaune, le rouge et le bleu donnent du marron.

Ania attache les peintures sur le fil pour qu'elles sèchent.

Le blanc et le noir donnent du gris.

Zélie, elle, a mélangé du jaune et du bleu. Ça donne quoi ?

Noé a mélangé du jaune et du rouge. De quelle couleur est sa pomme ?

orange **noire** **violette** **marron** **grise**

Les lettres

À l'école, Nina apprend les sons que font les lettres : « a » comme « avion », « bbb » comme « bateau »... Les connais-tu ?

A a

F f

G g

H h

I i

N n

O o

P p

Q q

V v

W w

X x

Y y

B b

C c

D d

E e

J j

K k

L l

M m

R r

S s

T t

U u

Z z

Montre la première lettre de ton prénom.

Peux-tu trouver d'autres mots qui commencent par ce son ?

Compter

Sais-tu compter sur tes doigts ?
Avec ta main, montre autant de doigts
que Nina, puis Arthur et Moussa.

Compte les objets
qui vont ensemble
et montre le chiffre
qui correspond.
1 2 3 4 5

On bouge son corps !

Dans la salle de motricité, Nina et les enfants de sa classe font toutes sortes d'activités sportives ! Laquelle aimerais-tu faire ?

Axel marche en équilibre sur la poutre.

6 enfants font la ronde.

Zélie court entre les plots.

Rachel fait une roulade sur le tapis mou.

Kamel avance à 4 pattes
dans le tunnel.

Noé envoie le ballon...

...et Louise le rattrape.

Moussa saute à pieds joints
dans les cerceaux...

... puis à cloche-pied.

À la loupe !

Montre dans
la salle de motricité :

le plot jaune

le plot bleu

le cerceau vert

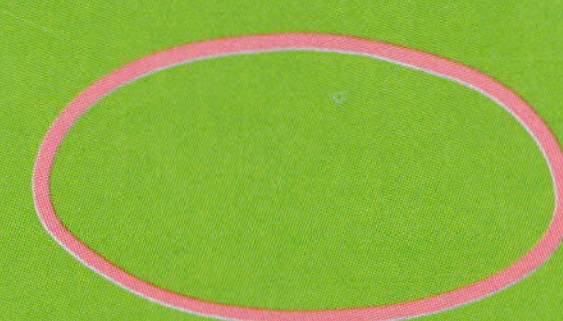

le cerceau rose

Je t'aide à boutonner ton manteau.
Merci !

Grandir et vivre ensemble

Vivre ensemble...

C'est agréable d'être avec d'autres enfants pour jouer, discuter, rigoler... Mais parfois, les autres sont énervants !

Nina et Emma adorent se raconter des histoires : elles rigolent bien ensemble.

À la loupe !

Retrouve ces enfants dans la classe. Sont-ils contents ou pas ? Pourquoi ?

Jules est ravi d'être invité ...

... à l'anniversaire de Noé.

Moussa et Rachel veulent tous les deux le même livre !

Louise console Zélie qui s'est fait mal.

Erwann est triste : il n'est pas invité !

Axel frappe...

... Arthur qui s'est moqué de lui.

Luce aime travailler ...

... à côté de Kamel.

Les règles

À l'école *Beau soleil*, il y a des règles pour vivre ensemble dans la classe, dans la cour, à la cantine...

IL EST INTERDIT DE...

Crier dans la classe ou à la cantine.

Courir dans la classe, le couloir ou les escaliers.

Se pousser ou se frapper.

Abîmer un livre, un jouet, le matériel.

IL FAUT ...

Jeter les papiers ou les mouchoirs dans la poubelle.

Lever la main pour parler.

Se laver les mains avant d'aller manger.

Dire quand on a envie de faire pipi.

Des mots pour le dire

Parfois, Nina a très envie de taper un autre enfant ou de s'énerver.
À ton avis, que vaut-il mieux faire ici ?
Choisis la réponse A ou B.

Nina a fait tomber deux cubes de la tour de Kamel.

A

Nina s'excuse et aide Kamel à reconstruire sa tour.

B

Nina détruit toute la tour.

Rachel a pris le jeu de Nina.

A

Nina tape Rachel, qui se défend !

B

Nina rappelle à Rachel qu'elle n'a pas le droit de lui prendre son jeu des mains.

Nina n'arrive pas à ouvrir la boîte de pâte à modeler.

A

Elle s'énerve et jette la boîte par terre.

B

Elle demande de l'aide à Ania.

Comme des grands

À l'école, Nina et Achille apprennent à faire plein de choses tout seuls. Petit à petit, ils deviennent grands.

Nina met son manteau.

Elle se rhabille après la sieste.

Elle s'essuie les fesses aux toilettes.

Elle prend un mouchoir dans la boîte quand son nez coule.

Achille coupe sa viande.

Il n'apporte plus son doudou à l'école.

Il donne à manger au lapin.

Il aide le petit Jules
quand il tombe dans la cour.

Super copines...

Nina et Emma sont super copines. Elles jouent toujours ensemble...
Et toi, as-tu un super copain ou une super copine à l'école ?

1 C'est la récré ! Nina et Emma foncent sur leur vélo. C'est Nina qui conduit...

2 Emma en a assez d'être à l'arrière : elle veut conduire !

5 Nina s'est fait mal. Elle pleure et crie très fort contre Emma.

6 Guillaume a vu Emma pousser Nina. Il lui rappelle la règle. Emma pleure.

3 Nina refuse : elle adore conduire. Emma n'est pas contente…

4 Emma se fâche et pousse Nina qui tombe par terre. Ouille aïe aie !

7 L'après-midi, dans la classe, les deux copines boudent.

8 Mais le soir, au square, elles sont à nouveau copines ! Super copines…

Tous les jours
ne se ressemblent
pas !

Petits et grands moments

L'anniversaire de Nina

Ce matin, Nina est fière : aujourd'hui, on fête son anniversaire dans la classe ! Et toi, as-tu déjà soufflé tes bougies à l'école ?

1 Papa donne à Guillaume des bonbons et le gâteau qu'il a fait.

2 C'est le regroupement : Guillaume annonce l'anniversaire de Nina.

5 Enfin, pffff ! Nina souffle ses 4 bougies. Ania fait une photo.

6 Nina doit coller sa photo dans le gâteau aux 4 bougies. Tu l'aides ?

Sais-tu chanter
Joyeux anniversaire !
en français, en anglais
ou dans une autre langue ?

3 Après la sieste, Ania apporte le gâteau d'anniversaire. Nina sourit !

4 La classe chante *Joyeux anniversaire* en français... et en anglais. Nina rougit !

7 La journée est finie : Guillaume donne un bonbon à chaque enfant.

8 Nina distribue ses cartes d'invitation : samedi, elle fête ses 4 ans à la maison !

Le maître est absent...

Ce matin, quand Guillaume se réveille, il n'est pas en grande forme. Mais qu'a donc le maître de Nina ?

1 Il ne peut pas boire son café : il a de la fièvre et très mal à la gorge !

2 Vite, il appelle Isabelle, la directrice de l'école !

5 Nina va dans la classe d'Achille. Elle s'assoit près de Jojo Lapin !

6 Vanessa félicite Achille pour son exercice. Nina est fière de son frère.

3 Devant la classe de Nina, Isabelle accueille les papas et les mamans.

4 La maman d'Emma emmène sa fille à son travail.

7 Noé est chez les moyens. Youpi, il y a un spectacle de marionnettes !

8 Et Guillaume, que fait-il ? Chut, il dort : il a une grosse angine !

La sortie à la ferme

Ce matin, Nina est contente : elle fait une sortie avec sa classe, et sa maman l'accompagne ! Un grand moment !

1 La maman de Nina va s'occuper de Nina, Emma et Moussa.

2 On monte dans le car à la queue leu leu. Il faut boucler sa ceinture !

5 Maintenant, Fanny, l'animatrice, porte un gros lapin. « On dirait Jojo », dit Nina.

6 C'est déjà l'heure du pique-nique : Nina dévore son sandwich.

3 Le car est parti. Tout le monde chante, sauf Zélie : elle a mal au cœur !

4 Voilà toute la classe à la ferme ! Les enfants donnent du grain aux poules.

7 Puis on découvre les chèvres, les vaches et la truie avec ses petits.

8 La sortie est finie. Dans le car, Nina et maman se sont endormies...

La fête de l'école

L'année est bientôt finie : c'est la fête de l'école.
Nina va faire un chamboule-tout.
Quel est ton jeu préféré ?

Les moyennes sections dansent sur le podium.

Quel maquillage a choisi Emma ?

Bientôt Zélie et Axel tireront au sort les gagnants de la tombola.

Le papa de Nina vend les tickets demandés pour les jeux et les activités.

Pas facile de faire la course en sacs ! Qui va gagner ?

À la loupe !

Dans quel stand trouve-t-on tous ces objets ?

le ticket

la boîte de conserve

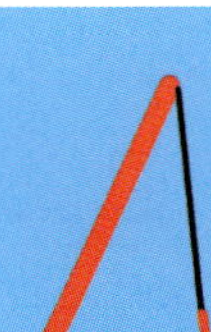

la canne à pêche

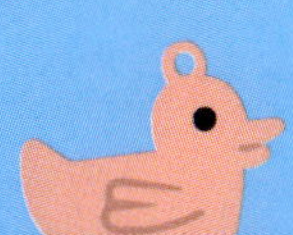

le canard en plastique

le sandwich

l'enveloppe

la canette de jus d'orange

le maquillage

Bonnes vacances !

Crédits photographiques :

Pages 6-7 : SHUTTERSTOCK xylophone arc-en-ciel : Anton Mezinov ; dés : gangis khan ; chiffres : HomeStudio.

Pages 28-29 : SHUTTERSTOCK poupée : Michael Kraus ; petites voitures : Tatiana Popova ; jeu de laçage : Andrenko Anastasiya ; perles : Rudmer Zwerver ; jeu de construction : glo.

Pages 40-41 : SHUTTERSTOCK pots de peinture et pinceaux : S-F ; claves : Eduardo Ramirez Sanchez ; xylophone : Elena Schweitzer ; ciseaux à bouts ronds : Vladvm ; emporte-pièce : Popovic Dragan ; pâte à modeler : sebos ; crayons de couleur : Nik Merkulov ; rouleau : timquo ; tambourin : Elena Schweitzer ; craies : Olga Kovalenko ; couronne de grelots : Elena Schweitzer.

Pages 48-49 : SHUTTERSTOCK avion : Oleksandrum ; bateau : Jules_Kitano ; dinosaure : niphon ; pièce de 1 € : Mpanchenko ; hélicoptère : HomeStudio ; jupe : Karkas ; mouton : Nicescene ; orange : Alter-ego ; jeu de quilles : Becky Stares ; robot : Mikael Damkier ; tigre : Mega Pixel ; vache : MARGRIT HIRSCH ; xylophone : Anton Mezinov ; zèbre : Kitch Bain.

Pages 50-51 : SHUTTERSTOCK dés : gangis khan ; chiffres : HomeStudio ; dinosaures : niphon.